BEI GRIN MACHT SICH IHR WISSEN BEZAHLT

AF144580

- Wir veröffentlichen Ihre Hausarbeit,
  Bachelor- und Masterarbeit

- Ihr eigenes eBook und Buch -
  weltweit in allen wichtigen Shops

- Verdienen Sie an jedem Verkauf

Jetzt bei www.GRIN.com hochladen
und kostenlos publizieren

Simon Emmerling

William James: Einige metaphysische Probleme in pragmatischer Beleuchtung. Ausarbeitung zur dritten Vorlesung - Der Begriff der 'Substanz' - Materialismus vs. Theismus

GRIN Verlag

Bibliografische Information der Deutschen Nationalbibliothek:

Die Deutsche Bibliothek verzeichnet diese Publikation in der Deutschen National-
bibliografie; detaillierte bibliografische Daten sind im Internet über http://dnb.d-
nb.de/ abrufbar.

Impressum:

Copyright © 2005 GRIN Verlag GmbH
Druck und Bindung: Books on Demand GmbH, Norderstedt Germany
ISBN: 978-3-638-92573-0

Dieses Buch bei GRIN:

http://www.grin.com/de/e-book/60731/william-james-einige-metaphysische-proble-
me-in-pragmatischer-beleuchtung

GRIN - Your knowledge has value

Der GRIN Verlag publiziert seit 1998 wissenschaftliche Arbeiten von Studenten, Hochschullehrern und anderen Akademikern als eBook und gedrucktes Buch. Die Verlagswebsite www.grin.com ist die ideale Plattform zur Veröffentlichung von Hausarbeiten, Abschlussarbeiten, wissenschaftlichen Aufsätzen, Dissertationen und Fachbüchern.

Besuchen Sie uns im Internet:

http://www.grin.com/

http://www.facebook.com/grincom

http://www.twitter.com/grin_com

Kiel, im Januar 2005

Christian-Albrechts-Universität zu Kiel
Philosophisches Seminar
Seminar: William James. Der Pragmatismus – Ein neuer Name für alte Denkmethoden

SCHRIFTLICHE AUSARBEITUNG ZUM REFERAT ÜBER DIE DRITTE VORLESUNG[1]

Einige metaphysische Probleme in pragmatischer

Beleuchtung

Teil I: Begriff der ‚Substanz' – Materialismus vs. Theismus

VORGELEGT VON

SEMESTERZAHL: 8

STUDIENGANG: LA GYM

FÄCHERKOMBINATION: DEUTSCH/ WIPO

---

[1] Der Basistext, den auch diese Ausarbeitung - sofern nicht anders angemerkt – zitiert, ist:
William James: Der Pragmatismus. Ein neuer Name für alte Denkmethoden. Hrsg. von Klaus Oehler. Hamburg:
Meiner Verlag [2]1994. Die dritte Vorlesung erstreckt sich von S. 52 bis S. 78.

I.
Inhaltsangabe

II.
Einleitung: Thematik, Problem, Struktur der Ausarbeitung

Der philosophische Pragmatismus wurde im 19. Jahrhundert von den amerikanischen Philosophen CHARLES SANDERS PEIRCE (1839-1914), WILLIAM JAMES (1841-1910) und anderen begründet.[2] Nach ihrer Lehre beweist sich die Wahrheit einer Aussage allein durch ihren praktischen Nutzen. Hauptabsicht des Denkens ist es dieser Theorie zufolge, das Handeln zu leiten – die Wirkung einer Idee ist wichtiger als ihre Ursache. Der Pragmatismus entstand als erste unabhängige amerikanische Strömung der Philosophie. Er lehnt es ab, über Fragen zu spekulieren, für die kein praktischer Nutzen abzusehen ist. Außerdem betont er, dass Wahrheit sich in Relation zu Zeit, Ort und dem jeweils verfolgten Ziel verhält und dass sowohl Zwecke als auch Mittel einen Wert in sich selber tragen.

Nach den Ansichten der Pragmatisten sollen sich alle Urteile, Anschauungen, Vorstellungen und Begriffe der handelnden Menschen als Regeln für das Tätigsein und das Verhalten erweisen. Aus der Haltung des Skeptizismus heraus, nach der es dem Menschen nie glaubhaft gelungen sei, die objektive Realität wirklich hinreichend so abzubilden, dass es zur Übereinstimmung mit der Realität gekommen wäre, wird auch die bisherige Erkenntnis und das erkannte Wahre nur als Metapher betrachtet. Somit ist die Erkenntnis über die objektive Realität nicht in Übereinstimmung mit den darüber getroffenen Aussagen als Wahrheit aufzufassen, sondern nur aus der praktischen Nutzanwendung zu folgern. Damit wird das Kriterium der Wahrheit zum Kriterium der Nützlichkeit, des Nutzens, des Erfolges.

Letztere Frage nach dem Erfolg, d.h. der Bedeutung des betrachteten Problems samt einer ‚Lösung' für das Handeln der Menschen findet sich bei JAMES oft beschrieben mit dem Begriff des „Kassenwertes"[3] oder „Barwertes" (z.B. James 1994: 53), im Original: ‚cash-value'.

Eine Kritik, der Pragmatismus des WILLIAM JAMES sei eine reine Methode, nicht aber zugleich eine Wahrheitstheorie kann sich vor diesem Hintergrund nicht bekräftigen:

Nach James ist das wahr, was sich durch seine praktischen Konsequenzen bewährt, bzw. mit dem Verweis auf die dritte Vorlesung, mit der sich diese Ausarbeitung beschäftigen will:

---

[2] Andreas Graeser weist darauf hin, dass auch der Name John Dewey mit der Denkrichtung des Pragmatismus' eng verbunden sei. Zudem nennt er als seinen heutigen „prominenten Anwalt" den Namen Richard Rorty (Graeser 2002: 18).
[3] Vgl. die zweite Vorlesung: „Wenn Sie aber der pragmatischen Methode folgen, dann können Sie solch ein Wort [gemeint ist „Gott", „Materie", „Vernunft", „Das Absolute" oder „Energie", S.E.] niemals als den Abschluss Ihrer Untersuchungen ansehen. Sie müssen aus jedem solchen Wort seinen praktischen Kassenwert herausbringen, müssen es innerhalb des Stromes Ihrer Erfahrungen arbeiten lassen. Dann erscheint es nicht mehr als Lösung, sondern vielmehr (...) als ein Hinweis auf die Mittel, durch welche existierende Realitäten verändert werden können " (S. 33)

Eine Vorstellung darf, kann oder gar muss so lange als ‚wahr' angesehen werden, wie es für das Leben des Menschen nützlich ist, daran zu glauben.

Mit dieser Denkrichtung versucht sich JAMES, oder besser gesagt der JAMES'sche Pragmatismus[4], als Bindeglied zwischen Rationalismus und Empirismus[5] in der Frage nach ‚Wahrheit' und Nutzen. Will man die Vorgehensweise der dritten Vorlesung, in der es um die Anwendung der besagten Methode auf metaphysische Probleme geht, besser verstehen, ist nochmals der Rückverweis auf die vorherige Vorlesung sinnvoll, wenn es heißt:

> „ Kurz, der Pragmatismus erweitert das Gebiet auf dem man Gott suchen kann. Der Rationalismus klebt an der Logik und am Himmelreich. Der Empirismus klebt an den äußern [sic!] Sinnen. Der Pragmatismus ist zu allem bereit, er folgt der Logik oder den Sinnen und lässt auch die bescheidenste und persönlichste Erfahrung gelten. Er würde auch mystische Erfahrungen gelten lassen, wenn sie praktische Folgen hätten.
>
> Als annehmbare Wahrheit gilt ihm einzig und allein das, was uns am besten führt, was für jeden Teil des Lebens am besten passt , was sich mit der Gesamtheit der Erfahrungen am besten vereinigen lässt" (James 1994: 51).

Mit diesen einführenden Gedanken schließt die Exposition dieser Ausarbeitung und bildet zugleich die Überleitung zum Aufbau der dritten Vorlesung, die im folgenden dargestellt werden wird.

Am Aufbau der Vorlesung selbst orientiert sich demnach auch die Struktur der vorliegenden Arbeit (Hauptteil).

Es geht JAMES darum die pragmatische Methode zu erläutern, indem sie auf vier konkrete metaphysische Problemstellungen angewendet wird.[6] Dabei arbeitet JAMES dialektisch, d.h. er setzt These gegen Antithese und gelangt zu einer Synthese. Das erste Problem ist das Problem der ‚Substanz'. JAMES beleuchtet seine Einbettung in die von ihm vertretene Trias ‚Attribut-Substanz-Materie' und diskutiert seine Begrifflichkeit vor dem Hintergrund des Nominalismus' bzw. der Scholastik.

Anschließend schlägt er den Bogen zur Immaterialismusthese von CHARLES BERKELEY, an die er das zweite Problem, den Gegensatz von Materialisten und Theisten im Streit um die metaphysische Frage[7], anknüpft. Dieses Problem ist es, auf das er am deutlichsten (und nachhaltigsten) die schon oben theoretisch beschriebene

---

[4] Graeser stellt heraus, dass es *den* Pragmatismus in der Tat gar nicht gibt, sondern dass er ein Überbegriff ist für viele ähnliche Denkrichtungen. So hätten allein schon Peirce und James unterschiedliche Auffassungen von Pragmatismus. Vgl. Graeser 2002: 20f.

[5] James beschreibt seine ‚pragmatische Methode' als „Korridor in einem Hotel" (S. 34), der viele Zimmer, d. h. viele philosophische Denkrichtungen vor dem Hintergrund der Suche nach einem „praktikabeln Weg" (S. 34) zueinander verbindet, wobei der Pragmatismus, d.h. ‚seine' Methode allen „zu eigen" (S. 34) ist.

[6] Von den vier angesprochenen Problemen wird diese Ausarbeitung nur die ersten beiden (samt Unterpunkten) behandeln.

[7] Wer oder was lenkt die Welt – physische Kräfte oder ein höherer Geist?

‚Pragmatische Methode' anwendet. Das dritte Problem, als Rekurs auf das zweite, stellt sich dar als Frage nach dem Zweck der Natur, das vierte und letzte als Frage nach dem freien Willen des Menschen.

III.

Hauptteil

Der Hauptteil setzt an bei dem Begriff der Substanz (1), der sich JAMES zu aller erst widmet, um an ihm zu demonstrieren, wie sich der stark theoretisierte philosophische Fachterminus in der praktischen Anwendung bei Nominalisten (2) oder Scholastikern (3) zeigt. Danach erst wird auf die Position BERKELEYs im Disput um die Existenz einer metaphysischen Materie einzugehen sein (4).

Es wurde bereits gesagt, dass als Kern der JAMES'schen Ausführungen, seine Auseinandersetzung mit der praktischen Konsequenz auf menschliches Verhalten gelten kann, auf die hin er das Problem befragt, ob die Welt von freien, physischen Kräften oder aber von einem höheren, meta-physischen Geist gelenkt wird (5): Hat dieses Problem eine praktische Konsequenz, ist es in der Tat bedeutsam und wert, betrachtet zu werden. Andernfalls ist es eine Betrachtung nicht wert, weil in ihr eben kein „praktischer Kassenwert" (a.a.O.) enthalten ist.

1. Der Begriff der *Substanz*

Substanz (von lat. substantia, griech. hypostasis, hypokeimenon, ousia) kann mit ‚das zu Grunde liegende' übersetzt werden und meinte ursprünglich das Subjekt in einem Satz. Das Subjekt ist Träger einer bestimmten Eigenschaft. Ein skizzenhafter Exkurs in die Philosophiegeschichte kann verdeutlichen, in welchem Sinne James den Begriff in seiner dritten Vorlesung verwendet. Nach Aristoteles ist Substanz das, was im eigentlichen Sinne seiend ist (Metaphysik VII.1). Die aristotelische Tradition unterscheidet zwischen primärer und sekundärer Substanz. Bei der primären Substanz handelt es sich um das konkrete individuelle Ding (z. B. *ein* Mensch), bei der sekundären Substanz um eine Art (i. B. *der* Mensch) oder eine Gattung (z. B. Lebewesen). Eine primäre Substanz vermag durch sich selbst zu existieren, unabhängig von allem anderen. Dies unterscheidet sie von Eigenschaften und Relationen, die als Eigenschaften nur an oder als Relationen nur zwischen primären Substanzen existieren können. Die sekundäre Substanz ist eine Essenz (ein Wesen). Descartes bestimmt die Substanz als etwas, das existiert und zu seiner Existenz nichts anderes benötigt. In diesem Sinn ist Gott für DESCARTES die einzige Substanz. Allerdings begreift er auch das materielle Ding und die Seele als Substanz, weil sie als Geschaffene für ihre Existenz nur

Gott benötigen. DESCARTES differenziert zwischen wesentlicher und zufälliger Eigenschaft, Attribut (Essenz) und Modus (Akzidens). Seiner Meinung nach kann man ein Attribut nicht bestimmen, ohne es zugleich einer Substanz zuzuschreiben. Wenn es ein Attribut gibt, muss es auch eine Substanz geben, der es angehört. Umgekehrt lässt sich eine Substanz nicht ohne ihre Eigenschaften auffassen, weil die Unterscheidung von Substanz und Attribut eine Distinktion der Vernunft ist. Die wesentliche Eigenschaft der Seele liegt im Denken. Die wesentliche Eigenschaft oder das Attribut der materiellen Dinge liegt in der Ausdehnung; denn um sie als materielle Dinge überhaupt identifizieren zu können, ist Ausdehnung notwendig. Auf diese Weise will auch JAMES den Substanzbegriff verstanden wissen, wenn er verdeutlicht, dass z.b. ein Stück Kreide (James 1994: 52-54) Attribute wie Sprödigkeit, weiße Farbe oder eine zylindrische Form in sich vereint, diese Attribute aber so wahrgenommen werden, dass sie auf die Substanz, den Kalk als sinnlich erfahrbaren ‚Rohstoff', verweisen. Die Substanz der Kreide ist nur über die Attribute wahrnehmbar. Würden die Attribute fehlen, könne die Substanz nicht wahrgenommen werden. Jede Substanz wiederum – und so schließt JAMES sein triadisches Modell ab – inhäriert in einer quasi noch primäreren Substanz, der Materie. Ihre Eigenschaften, es klang bei DESCARTES als ‚Ausdehnung' an, sind „Raumerfüllung und Undurchdringlichkeit" (James 1994: 52). Der ‚Cash-value' jeglicher Substanz ist folglich die jeweilige Gruppe ihrer Attribute, die wir Menschen sinnlich erfahren (können). Die Frage, die JAMES im Folgenden eigentlich beschäftigt ist folgende: Gibt es eine Substanz im ontologischen Sinne? Und viel wichtiger erscheint hier die Frage: Welchen Unterschied machte es für den Menschen, wenn es eine solche gäbe, oder wenn es – vorwegnehmend gesagt – aus der Sicht der Nominalisten gesprochen keine gibt, sondern nur Worte, die Substanz bezeichnen? JAMES konkretisiert dieses Problem später bei den Scholastikern am Beispiel des Abendmahls. Zu erst aber stellt er sich der Auffassung der Nominalisten, nur Namen würden als eigentliche Träger der Attribute fungieren, weil es eine „uralte[ ] menschliche[ ] Gewohnheit [sei] die Namen in Dinge zu verwandeln" (James 1994: S. 53). Weil aber, laut JAMES, die phänomenalen Dinge keinem Namen inhärieren, müsse der Begriff der Substanz hier aufgegeben werden. Die einzige pragmatische Behandlung des Substanzbegriffes, auf die es JAMES ja im Grunde ankommt,[8] findet sich bei den Scholastikern in einem Fall: dem Abendmahl Christi. Die Eigenschaften der Oblate ändern sich nicht und doch wird sie zum Leib Christi wenn der Gläubige diese empfängt. Der Wandel muss sich also in der Substanz vollzogen haben, ohne dass sich sinnliche Eigenschaften, die Akzidenzien/ Attribute geändert hätten. Die Substanz kann sich also von ihren Attributen

---

[8] An dieser praktischen Konsequenz, so vorhanden, bemisst sich ja gerade in James' Augen die Relevanz eines Problems

trennen und diese verändern, wenn man gläubig ist. Ein Nicht-Gläubiger würde sagen: nur der Name hätte sich verändert. Der Zusatz, dass sich der Wandel *für den Gläubigen*[9] vollzogen hat, ist ein zentraler und wird später in der Auseinandersetzung der Materialisten und Theisten um die Frage, welche Kraft die Welt lenkt (s.o.) noch einmal von großer Bedeutung sein.

2. George Berkeleys Begriff der *Materie*

Wer so denkt, schließt (über die Attribute) auf die Existenz von etwas Zugrundeliegendem[10], das die jeweiligen Eigenschaften trägt und zusammenhält. Und dieses Unbekannte nennt er Substanz. Dass sich eine Substanz in diesem Sinn findet, also etwas, das bei aller Veränderung konstant bleibt, lehnt BERKELEY ab. Von einer solchen Größe kann der Mensch keine Erfahrung besitzen, und deshalb kann es keine Substanz geben. Wenn JAMES im weiteren Verlauf seiner Vorlesung auf CHARLES BERKELEY eingeht, dann über den direktesten Weg, nämlich über den Weg, dass er voraussetzt, der Hörer/ Leser wüsste um die Immaterialismusthese seines ‚Kollegen'. Denn darum geht es: JAMES verschiebt den Blickwinkel und legt den Fokus weniger auf den Substanz- als mehr auf den Materiebegriff, von wo aus er, seine Strategie der Unterwerfung jeglicher Probleme unter die ‚Pragmatische Methode' nie verlassend, auf den schon oft genannten ‚metaphysischen Streit' der Materialisten mit den Theisten eingeht. BERKELEY vertritt die These des ‚esse est percipi vel percipere' (Sein ist wahrgenommen werden oder wahrnehmen): Das heißt, dass der Begriff der Materie bei BERKELEY, verstanden als Materie „einer uns unzugänglichen materialen Welt" (James 1994: 55) nach Art der Scholastiker, nicht haltbar ist: die metaphysische Welt wird hier geleugnet, weil nur das ist, was wahrgenommen wird. Diese Argumentation nennt JAMES eine „durchaus pragmatisch[e]" (a.a.O. S. 55) Kritik der Materie, die BERKELEY - in diesem Sinne gelesen als physische Materie im Gegensatz zur meta-physischen Materie - nicht leugnet. Im Gegenteil: Sie ist für JAMES vielmehr „der richtige Begriff für unsere Wahrnehmungsinhalte"(James1994:55).

So steht es auch METZLER: „I[mmaterialismus] nennt G. Berkeley seine philosophische Grundposition, derzufolge eine räumliche Außenwelt nicht existiert und es widersinnig ist, materielle Dinge als bewußtseinsunabhängige Korrelate entsprechender Vorstellungsinhalte anzunehmen. Ihr sein besteht im Wahrgenommenwerden" (Metzler Philosophie Lexikon 1996: 230).

---

[9] „(...) und es ist klar, dass dies nur von denjenigen ernst genommen wird, die aus anderen Gründen bereits an die wirkliche Gegenwart Christi in der Hostie glauben" (James 1994: 54f.).
[10] vgl. Etymologie

3. Die Materialisten und die ‚metaphysische Frage'

JAMES wird nicht müde zu betonen, dass der *Glaube* an eine metaphysische Materie - obwohl auf den ersten Blick nicht zu denken - sich nicht ausschließt mit der Immaterialismusthese BERKELEYS, oder mit HUXLEYS Standpunkt in dieser Frage als Phänomenalist. Und zwar dann nicht, wenn sich zeigen ließe, dass die eine Positionen (‚metaphysische Materie gibt es') mit der anderen Position (‚nein, nur wahrgenommene - und damit zugleich zwingend physische - Materie gibt es') über den Korridor des Pragmatismus' (s.o.)[11], miteinander zu versöhnen sei. Wie dies JAMES entwickelt, behandelt Punkt 5 dieser Arbeit. Er stellt aber in einer Art dialektischen Methode zu erst die Position der Materialisten vor, die jene in der Frage einnehmen, welche Macht wohl den Lauf der Welt bestimmt, bevor er die Gegenposition der Theisten beschreibt. Dann erst unterwirft er beide Positionen der ‚pragmatischen Methode', indem er sie auf ihre praktischen Konsequenzen hin befragt

Der *Materialismus* vertrete die These, nach der die Welt von „blinden Teile[n] und ihre[n] blinden Kräfte[n] bestimmt" werde (James 1994: S. 57). Das hieße, dass physikalische Gesetze den Lauf der Welt bestimmen. Und ferner sei er[12] der Auffassung, dass die höheren Phänomene sich durch die niederen erklären ließen. So ist der Materialismus abgegrenzt von Spiritualismus und Theismus, deren beide Vertreter die Position verfechten, es gäbe metaphysische Materie und damit einen lenkenden, höheren Geist. Ein wesentlicher Charakterzug des „heutigen[13] Materialismus" (James 1994: 57), sei letztlich der, dass angenommen werde, unser Geist könne die uns umgebende Natur/Materie nur so wahrnehmen wie sie ist. Wollen wir uns auf unsere Sinne[14] verlassen, müsse der Mensch von ihr sagen, dass nur die blinden physischen Kräfte in ihr wirksam sind. James schlägt deshalb vor, der Materialismus sollte darum besser Naturalismus heißen, weil sich alles physisch erfahrbare in der Natur zeigt.

4. Die Theisten und die ‚metaphysische Frage'

Grundsätzlich anderer Ansicht in diesem Punkt sind die Theisten, oder wie sie JAMES selbst erweiternd nennt: die Spiritualisten.[15]

---

[11] d.h. also die Auffassung, dass der Pragmatismus hier als Mittler zwischen beiden Positionen fungieren könne
[12] der Materialismus
[13] gemeint ist jener Materialismus der Zeit um 1900
[14] James spricht hier vom menschlichen „Geist" (James 1994: 57) als pars pro toto für den sinnlichen Erfahrungsapparat des Menschen
[15] vgl. James 1994: 58 ff.

Die Welt wird, so sagen sie, durch ein höheres Element, durch einen Geist, geleitet. Wobei sie auf die landläufige Setzung zurückgreifen, Materie sei als lenkende Kraft „grobschlächtig, plump, derb, schmutzig" (James 1994: 58), der Geist aber sei rein, erhaben und vornehm, was sie der Würde des Universums als angemessener ansehen und folgern, dass „eben der Geist das herrschende Prinzip sein [muss]" (James 1994: 58). In diesem Zusammenhang kritisiert JAMES den Vorwurf der Theisten gegenüber den Materialisten, jene sähen erstaunend nur abstrakte Prinzipien als ein Letztes an und verweilten darüber ehrfurchtsvoll. Dies kann er nicht gelten lassen, weil seiner Ansicht nach die theistische Auffassung eines metaphysischen Monismus' nichts anderes sei, als wenn für abstrakte physische Prinzipien, ein anderes Paradigma, nämlich das eines lenkenden Geistes eingesetzt würde. Hier grenzt sich der Pragmatiker von beiden Positionen ab, nicht jedoch ohne auf SPENCER zu verweisen, der die Seite der Materialisten (in diesem Sinne: der Rationalisten) stärkt, indem er herausstellt, dass eine physische Materie, die so komplex ist, wie die unserer Natur nicht als grobschlächtig bezeichnet werden darf. Er sieht die ‚Unzulänglichkeit' nicht in der Materie selbst, deren anscheinende Plumpheit selbige als Herrschaftsprizip disqualifiziere, sondern im Menschen: *Sein* Geist wäre bislang nur selbst zu plump gewesen, um ihre Komplexität zu erkennen.[16] SPENCERS Wirklichkeit sei laut JAMES eine unerkennbare, in der sich Geist und Materie nicht trennen ließen Eine Verachtung gegenüber der ‚derben Materie' (als Lenkungsprinzip) sei nicht gerechtfertigt. Und man darf hinzufügen, dass dies genauso auch für den Geist zuträfe, wenn man annimmt, der Glaube an diesen hätte wirklich praktische Konsequenzen für das Leben der Menschen. Und darum geht es im folgenden.

5. Anwendung der pragmatischen Methode auf metaphysische Probleme

Die Grundfrage, mit der sich JAMES nun im weiteren Verlauf beschäftigt ist die, welcher praktische Unterschied sich daraus ergibt, dass der Weltlauf entweder durch die Materie oder den Geist bestimmt wird. An dieser Frage wird er die pragmatische Methode verdeutlichen.

Die gegensätzlichen Positionen, die schon oben beschrieben wurden, werden bei JAMES nicht in ihrer Argumentation gegeneinander ausgespielt, vielmehr müssen sich in einem von ihm konstruierten Gedankenexperiments beide Denkrichtungen in dieser gerade genannten und auf den ersten Blick trivial anmutenden, einfachen Frage bewähren. Er nimmt in seinem Gedankenexperiment an, die Welt sei zu Ende, d.h. die Welt liegt wie

---

[16] in Anlehnung an Berkeley müsste man wieder sagen, dass das *ist*, was ich wahrnehme. Also *ist* umsomehr, je besser meine Wahrnehmung funktioniert. Das 19. Jahrhundert als ein großes Erfinderjahrhundert hat bewiesen, dass mit Hilfe der Wissenschaft viel mehr (zu sehen/ wahrzunehmen) ist, als bislang denkbar war.

sie ist ‚als Produkt' ohne Zukunft vor uns. Er rekurriert dabei auf den Paradigmenwechsel in der philosophischen Betrachtungsweise weg von den ersten und hin zu den letzten Dingen, der dem Leser schon aus der zweiten Vorlesung (*Was will der Pragmatismus?*, James 1994: 26 – 51) bekannt ist.

Diesen methodischen Fokuswandel, als einen Fokuswandel des Pragmatismus' überhaupt, beschreibt z.b. SIDORSKY so:

> „Yet, beginning with the early writings of Peirce, the pragmatic criticism of metaphysical theses involved the claim that the metaphysical method of argument was itself flawed. This method, in the pragmatic description, was a way of looking *backward* to assumed necessary truths derived from the flow of experience. The pragmatic argument is that contrary metaphysical have continuously been invoked as the necessary conditions of presuppositions of the phenomena without any method or procedure for deciding among them. The pragmatic approach then was their metaphysical claims should be presented as hypotheses that are confirmable by their *future* consequences, so that pragmatic theses about a metaphysics of pluralism or of mutability were to be as confirmable as any empirical hypothesis in the sciences. The turn to future verifiability rather than 'past' logical presupposition was interpreted as a sign of the affinity of pragmatism with futurism" (Sidorsky: Pragmatism – Method, Metaphysics and Morals. In: Stachowiak (Hrsg.) 1987: 119).

JAMES' Antwort auf die Frage welchen praktischen Unterschied es in diesem Gedankenexperiment - zeitlich rückwärts schauend – macht, wer oder was die Welt zu dem gebildet hat, was da vor uns liegt, muss lauten: es gibt keinen Unterschied. Das gilt freilich dann, wenn man annehmen darf, dass Vertreter beider Positionen gleich gut haben belegen können, dass es entweder ein lenkender Geist oder reine physische Kräfte waren.[17] Der Pragmatist müsste laut JAMES in diesem Falle über beide Positionen urteilen, dass „beide Theorien [...] genau dasselbe bedeuten und dass ihr Streit ein bloßer Wortstreit ist [‚denn:] was würden wir verlieren, wenn wir Gott als Hypothese fallen ließen und die Materie allein verantwortlich machten?" (a.a.O. S. 60f.). Diese rhetorische Frage beantwortet JAMES sogleich selbst, wenn er schließlich konstatiert, dass wir der Welt keinen einzigen ihrer Bestandteile nähmen und auch ihren Reichtum nicht vermehrten, wenn wir die Ursache der Welt entweder Materie oder Gott nannten (vgl. a.a.O. S. 61). So gesehen hätte für das aktuelle Handeln des Menschen in diesem Fall (also rückblickend) die Frage nach der lenkenden Kraft an Bedeutung verloren. Darin sieht SIDORSKY wiederum einen Grund, warum sich der Pragmatismus von der Vorstellung eines metaphysischen Monismus' distanziert, wenn er schreibt:

---

[17] Zum Argumentationsaufbau vgl. James 1994: 59 f.

„In their choice of an escape route from the dilemma of materialism and idealism[18], the pragmatists rejected any version of metaphysical monism. One ground for this choice was their epistemological argument that in monistic philosophies there is no way in which the human agent can modify the outcome of the antecedently structured events. The need of an interpretation of the world that can incorporate the active role of the knower leads pragmatism toward metaphysical pluralism" (a.a.O. S. 118).

Als Konsequenz aus der mangelnden Relevanz rückwärtiger Betrachtung für menschliches Handeln[19] folgt, dass der Pragmatismus in dieser Frage eine quasi ‚utilitaristische Position' postuliert, nach der (pragmatische) Philosophie sich am Handeln der Menschen ausrichten müsse: Dies ergibt nur Sinn mit Bezug auf die Zukunft, nicht mit Blick auf Abgeschlossenes bzw. Vergangenes. JAMES lenkt daher fortan den Fokus auf die Zukunft: die Alternative Materialismus oder Theismus bekommt nur dann eine Bedeutung „wenn (...) sich (...) zeigen lässt, dass die im Streite befindlichen Theorien irgend welche, wenn auch nur minimale und fernliegende praktische Konsequenzen haben (James 1994: 62).

Nur in einer noch nicht zu Ende gegangenen Welt bekommt die eine oder andere Alternative eine praktische Bedeutung.

IV.

‚Überlappungsbereich': Ende von Teil I und Ausblick auf Teil II

JAMES hat zu Beginn seiner dritten Vorlesung zu zeigen versucht, warum es keinen Sinn hat, sich über Begrifflichkeiten wie Materie oder Substanz zu streiten, ebenso wenig wie über Weltlenkungsprinzipien, wenn sich dabei keine praktische Konsequenz für das menschliche Handeln ableiten lässt. Erst recht wird dieses Ableiten nicht gelingen, wenn man statt auf letzte Dinge, auf die sich die Welt zu bewegt, und auf die Menschen eine Antwort zu finden haben, auf erste Dinge blickt. Für JAMES sind die Fragen *Warum?* oder *Woher?* müßig zu beantworten, da sie sich auf abgeschlossenes beziehen. Der Mensch hat darauf keinen Einfluss mehr. Ist es dann aber auch ebenso müßig sich zu fragen, wer in Zukunft die Welt gestaltet? Ist es ebenso „inhaltlose Wortwissenschaft" (James 1994: 62) zu hinterfragen, ob es einen metaphysischen Geist gibt, den man benennen kann wie man möchte (Gott?) und der hinter der physisch erfahrbaren Welt ‚*ist*'?

---

[18] es wird hier Materialismus gegen Idealismus gestellt, was im Kern ein Abbild in James' Gegenüberstellung von Materialisten und Spiritualisten findet

[19] Frage: Worin liegt der Kassenwert für mich in der *rückwärtigen* Betrachtung ?

Bewusst wird an dieser Stelle die Sprache BERKELEYS verwendet, weil JAMES später sagen wird, dass er „glaube, dass der Beweis für Gott ursprünglich in inneren persönlichen Erfahrungen zu suchen ist" (a.a.O. S. 68). Das würde bedeuten, dass in dem Menschen selbst Gott zu finden sei, der – wenn er *erfahren* wurde – also auch wahrgenommen wurde, also *‚ist'*. Und in der Tat wird später von JAMES zu zeigen sein, dass diese praktische Konsequenz im Glauben an eine metaphysische Materie, an Gott[20], darin besteht, dass dieser Glaube „Verheißung" (James 1994: 72) bringt und sein Name uns Menschen, wenn Erfahrungen uns „einmal unseren Gott gegeben haben (...) zum mindesten die Wohltat moralischer Ferien [beschert]" (James 1994: 68). JAMES' Ausführungen in der dritten Vorlesung werden auf den Begriff des „philosophischen Protestantismus" (a.a.O. S. 78) hinauslaufen. Und in der Tat sind die ihm oft zugeschriebenen „metaphysischen und religiösen Neigungen" (Wolf 1993: 90)[21], die zusammengehen mit dem metaphysischen Pluralismus, wie ihn SIDORSKY beschrieben hat, nicht völlig von der Hand zu weisen, wenn man den philosophischen Protestantismus nicht allzu wörtlich nimmt, sondern ihn eher sinnbildlich begreift: Er rekurriert auf die Methode, auf die anti-dogmatische, nicht-monistische Grundeinstellung des Pragmatismus, der sich in diesem Zusammenhang als ‚dritter Weg' versteht. Pragmatismus ist keine Religion. Er ist das, was man überspitzt vielleicht mit ‚demokratischem Idealismus' beschreiben könnte: Er versucht auf empirischem Wege Probleme oder ‚Lebenseinstellungen' mit derjenigen Denkrichtung zu vereinfachen, die für dieses Problem oder diejenige ‚Lebenseinstellung' sinnvoll und relevant ist. Dabei ist JAMES als Kriterium für den Zuspruch zur einen Denkrichtung, bei gleichzeitiger Ablehnung der anderen, einzig die praktische Relevanz ausschlaggebend, die sich ergeben *muss*, damit die Zuwendung zur einen Denkrichtung (z.B. dem Glauben an Gott) nicht nur das Ergebnis unüberlegter, wahlloser Entscheidung ist, die Beschäftigung mit dieser Denkrichtung und dem zu beantwortenden Problem nicht nur reiner Wortspielerei gleichkommt, sondern (philosophisch) gerechtfertigt werden kann. Idealistisch könnte in diesem Zusammenhang der JAMES'sche Pragmatismus genannt werden, weil er in der Frage der Lenkung der Welt einen Glauben an Gott propagiert, so lange es für den Menschen nützlich und somit sinnvoll, also relevant, weil handlungsbeeinflussend, ist. Sein demokratisches Element liegt in der Universalisierbarkeit der ‚Pragmatischen Methode': Sie ist immer an Menschen gebunden und auf nahezu alle Bereiche anwendbar. So z.B. auch auf die Moralphilosophie, wie dies WOLF verdeutlicht:

---

[20] im Gegensatz zu einem Nicht-Glauben
[21] z.B. auch Hilary Putnam benennt „James' unleugbare[ ] metaphysische[ ] Neigung" (Putnam 1995: 32)

„Der Hang zu einer Naturmystik, wie sie bei Emerson und Whitman vorkommt, lässt sich auch bei James nachweisen. Er verspricht sich davon, wie überhaupt von einer religiösen Bedeutsamkeit der Natur, eine größere Sensibilität im Umgang mit ihr. Allerdings ist es für James nicht der klassische Theismus mit seinem allmächtigen Gott, der moralische Energien verleiht, sondern vielmehr die Auffassung von einem endlichen und werdenden Gott, mit dem wir zusammenarbeiten können und müssen, um aus der Welt einen besseren Platz zu machen (...). Ob man sich diese metaphysische und mythopoetische Sichtweise zu eigen machen kann, bleibe dahingestellt. Nach pragmatischen Gesichtspunkten wäre sie zumindest bedenkenswert, wenn sie tatsächlich wie James unterstellt, zu einer tatkräftigen Stimmung (strenuous mood) führen würde, welche einen selbstlosen Einsatz für andere und eine Verschiebung der Balance zugunsten der schwächeren Gattung und Individuen bestärkte" (Wolf 1993: 90).

Zudem erlaubt der Pragmatismus nun gerade in der Frage des Weltlenkungsprinzips, auf das in dieser Arbeit viel Zeit verwendet wurde, mehrere Antwortmöglichkeiten, was zwar den ‚demokratischen' Charakter, so wie die anti-dogmatische Haltung widerspiegelt, aber auch Angriffsfläche für Kritik bietet.

V.
Schlussteil: Kritische Stellungnahme

JAMES muss sich kritisieren lassen, wenn sein liberal erscheinender philosophischer Protestantismus mit Prämissen und Setzungen arbeitet, die ebenso gut anders herum, d.h. für die gegensätzliche Position hätten benutzt werden können. Das bedeutet, dass z.B. der selbst beanspruchte Subjektivismus[22] auch gegen die Annahmen von JAMES verwendet werden könnte.

Wer definiert, dass die Materie nicht gegen die Vollkommenheit strebt, wie dies James (auf S. 64 f.) behauptet? Setzt diese Aussage, mit Bezug auf die Naturwissenschaft als objektiv wahr ‚verkauft', nicht schon einen starken Subjektivismus voraus, der genauso gut gegen diese Annahme sprechen könnte? Werden und Vergehen[23] können für jemand anderen auch oder gerade als vollkommene Prinzipien gelten. Ebenso ist es im Grunde genommen nichts anderes als eine Setzung, wenn JAMES, wie wiederum SIDORSKY schreibt, von einem pluralistischen Universum ausgeht, für das die These gelte, eben der Pluralismus „accounts for the role of the knower in the reconstruction of reality by permitting interaction with different kinds of entities" (a.a.O. S. 118).

---

[22] an dieser Stelle ist zu erwähnen, wie die Sinnbildlichkeit des philosophischen Protestantismus' aufgelöst werden könnte: Er entspricht in seinem subjektiven, nicht-dogmatischen Gestus dem Protestantismus, der gegenüber dem Katholizismus eine säkulare Bewegung war; wenn man so will, ein ebensolcher ‚dritter Weg' (katholischer Glaube/ katholische Kirche vs. Unglaube vs. Protestantismus => Rationalismus/ Materialismus vs. Theismus/ Idealismus vs. Pragmatismus)

[23] James drückt sich hier etwas pathetisch aus, wenn er vom „tragischen Tod" (a.a.O. S. 64) spricht

Viel interessanter und als kritische Frage zentraler ist aber die von JAMES vertretene Grundannahme seiner gesamten Theorie, dass für ihn nur das relevant ist, was eine praktische Bedeutung, einen cash-value, eine lebensbedeutsame Konsequenz in sich birgt. Er muss sich fragen lassen, wer eine solche Relevanz, die die Beschäftigung mit einem Problem seiner Meinung nach erst rechtfertigt, überhaupt definiert.

Was ist also wirklich relevant, was hat wirklich, intersubjektiv verstanden, praktische Konsequenz? Muss alles nur auf Handlungen ausgerichtet sein, oder ist diese Betrachtungsweise in sich nicht genauso dogmatisch wie das indirekt kritisierte „Papsttum" (James 1994: 78) des Rationalismus gegen das James einen philosophischen Protestantismus in Form einer ‚philosophischen Säkularisierung' stellen will?

In der metaphysischen Frage, um die es in dieser Vorlesung ging, und die auch an dieser Stelle im Fokus steht, baut JAMES eine Argumentationskette auf, die als Ergebnis der ‚Relevanzprüfung' hervorbringt: der Mensch lebte besser wenn er an Gott glaubte.[24] Und zwar täte er dies deshalb, weil es ihm Verheißung brächte, die auf dem Gedanken fußt, Gott sorge dafür, dass die Welt nicht den tragischen Tod sterben wird, wie dies sich für die Rationalisten als Resultat ihrer Weltsicht ergeben müsste.

Diese praktische Konsequenz der Verheißung ist aber nun selbst nur eine Annahme, ohne die die Anwendung der ‚Pragmatischen Methode' auf dieses Problem keinen Sinn macht: es bleibt offen, ob es sich nicht eben so gut um eine pragmatische Vorgehensweise handelt, wenn man sich dafür entschiede im Glauben an die herrschenden physischen Kräfte in der Welt samt dem damit verbundenen Prinzip des Werdens und Vergehens seine ‚moralischen Ferien' anzutreten.

Dabei wäre natürlich das ‚Relevanzkriterium'[25] erfüllt, ohne aber zugleich einen philosophischen Protestantismus propagieren zu müssen. Der in JAMES dritter Vorlesung als zwingend erscheinende Zuspruch zu metaphysischen Entitäten erscheint vor diesem Hintergrund als nicht ausreichend begründet.

---

[24] Es ist eine „Tatsache (...), dass für James, wie für Sokrates, die zentrale philosophische Frage ist, *wie man leben soll*" (Putnam 1995: 33).
[25] Also die Frage: macht es für mich einen Unterschied, was ich glaube?

VI.
Anhang: Literaturangaben

Primärtext

James, William: Der Pragmatismus. Ein neuer Name für alte Denkmethoden. Hrsg. von Klaus Oehler. Hamburg: Meiner Verlag ^{2}1994

Sekundärtexte

Graeser, Andreas: Positionen der Gegenwartsphilosophie. Vom Pragmatismus bis zur Postmoderne. München: Beck 2002

Prechtl, Peter und Franz-Peter Burkard (Hrsg.): Metzler Philosophie Lexikon. Begriffe und Definitionen. Stuttgart, Weimar: J. B. Metzler 1996

Putnam, Hilary: Pragmatismus – Eine offene Frage. Frankfurt a. M., New York: Campus Verlag 1995 (= Edition Pandora Bd. 28, Europäische Vorlesungen V)

Stachowiak, Herbert (Hrsg.): Pragmatik. Handbuch pragmatischen Denkens, Band II: Der Aufstieg pragmatischen Denkens im 19. und 20. Jahrhundert. Hamburg: Meiner Verlag 1987

Wolf, Jean-Claude: Utilitarismus, Pragmatismus und kollektive Verantwortung. Freiburg i. Ue.: Univ.-Verl.; Freiburg i. Br.: Herder 1993